HALLO BÄUME

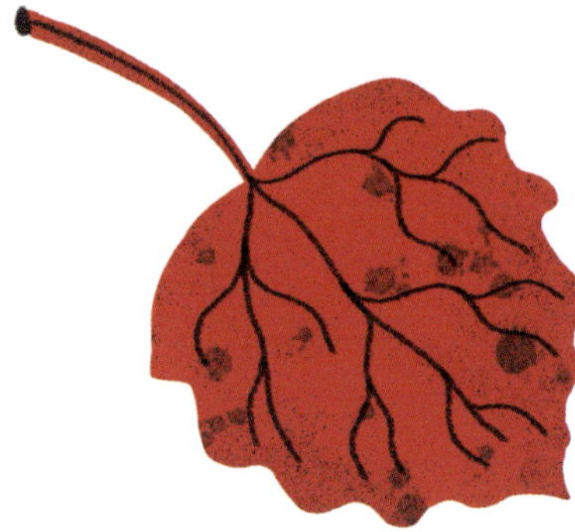

LAURENCE KING

Laurence King Verlag GmbH
Jablonskistr. 27
10405 Berlin

Erschienen in Großbritannien 2023 unter
dem Titel **Hello Trees** bei Laurence King Publishing

ISBN : 978-3-96244-355-9

Hergestellt in China, 1. Auflage Mai 2023

FSC
www.fsc.org
MIX
Paper from
responsible sources
FSC® C104740

Fachliche Beratung: Sarah Niemann und Derek Niemann
Übersetzung: Frederik Kugler

Laurence King ist ein Imprint der
Hachette Children´s Group
Part of Hodder and Stoughton
Carmelite House
50 Victoria Embankment
London EC4Y 0DZ

einem Unternehmen von Hachette UK
www.hachette.co.uk
www.hachettechildrens.co.uk
www.laurencekingverlag.de

Nina Chakrabarti

HALLO BÄUME

Ein kleiner Naturführer

LAURENCE KING

INHALT

Habt Ehrfurcht vor dem Baum.
Er ist ein einziges großes Wunder.

Alexander von Humboldt

WAS ist ein BAUM?

Ein Baum ist eine Pflanze mit einem hölzernen Stamm, Ästen und Blättern.

BLÄTTER absorbieren das Sonnenlicht und wandeln es in Nahrung für den Baum um.

WURZELN strecken sich auf ihrer Suche nach Nährstoffen und Wasser überall im Boden aus.

Die BAUMKRONE umfasst alle Äste und Blätter des oberirdischen Teils eines Baumes.

An den ÄSTEN hängen die Blätter, Samen, Blüten und Früchte eines Baumes.

Der STAMM trägt das Gewicht der Baumkrone.

ALTER und HÖHE

Bäume können sehr alt werden,
wenn man ihnen die Chance dazu gibt.
Einige erreichen sogar unglaubliche Höhen.

LANGLEBIGE KIEFER

Pinus Longaeva

Die Langlebige Kiefer wächst in den USA.
Sie kann bis zu 5.000 Jahre alt werden!

In einem Wald muss ein Baum höher wachsen als seine Nachbarn, um mehr Sonnenlicht abzubekommen.

Ein Riesen-Eukalyptus kann bis zu 90 m hoch werden.

ERSTAUNLICHE SAMEN

Da Bäume nicht laufen können, nutzen sie andere Wege, um ihre Samen zu verbreiten.

Manche Samen fliegen mit dem Wind davon, …

drehen sich, …

TIPUBAUM
Tipuana tipu

gleiten …

… und wirbeln.

FELDAHORN
Acer campestre

ZWEIFLÜGEL-FRUCHTBAUM
Dipterocarpus alatus

KOKOSPALME
Cocos nucifera

Andere sind schwer und schwimmen sogar im Meer.

Viele Samen verstecken sich in den leckeren Früchten von Bäumen. Tiere fressen diese Früchte und kacken die Samen an anderen Orten wieder aus!

Manche Samen sind klebrig oder haben Haken, mit denen sie sich an das Fell von Tieren haften.

Wieder andere Samen wachsen in Kapseln heran, die explodieren und so die Samen weit verstreuen.

VOM SAMEN ZUM SCHÖSSLING

Samen haben einen Schutzmantel, was bedeutet, dass sie Monate oder sogar Jahre ruhen können.

Sie warten geduldig auf den perfekten Moment, um auszutreiben und zu wachsen.

Ein junger Baum wird
Schössling genannt.

Schau, hier wächst ein Baum! Im Gegensatz zu uns Menschen wird er sein Leben lang weiterwachsen!

WURZELN

Wurzeln verankern Bäume fest im Boden. Ohne starke Wurzeln würden Bäume einfach umfallen!

Die meisten Wurzeln wachsen unterirdisch und breiten sich viel weiter aus als die Baumkrone.

ROTBUCHE

Fagus sylvatica

BANYAN-FEIGE

Ficus benghalensis

Die Banyan-Feige sendet Luftwurzeln zum Boden aus, um viele neue Stämme zu bilden. Auf diese Weise kann sie sich über eine große Fläche ausbreiten und unglaublich stark werden.

SAMEN ERKENNEN

Jeder Baum hat für ihn typische Samen.

EICHE
Quercus

ULME
Ulmus

KASTANIE
Aesculus

LINDE
Tilia

STECHPALME
Ilex

BUCHE
Fagus

Wenn du das nächste Mal einen Samen findest, weißt du, zu welchem Baum er gehört!

BLATTFORMEN

EINFACHE BLÄTTER haben nur eine Blattspreite.

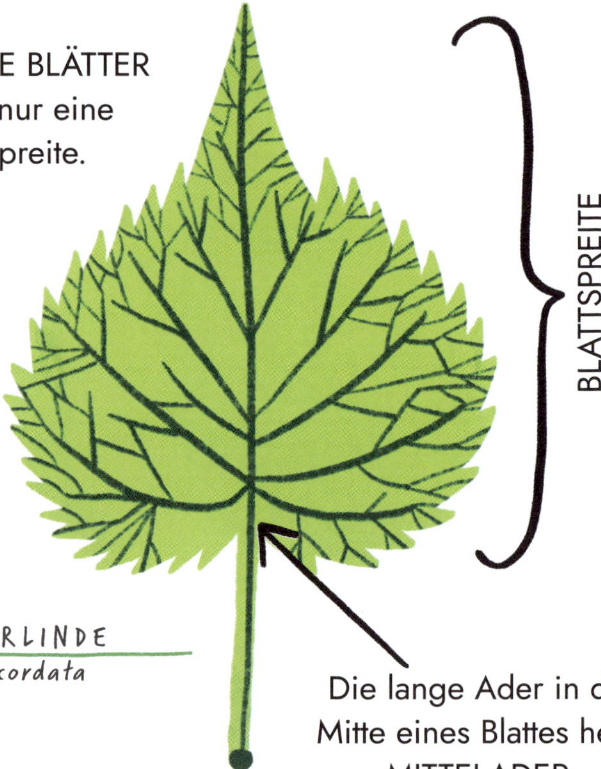

WINTERLINDE
Tilia cordata

Die lange Ader in der Mitte eines Blattes heißt MITTELADER.

GELAPPTE BLÄTTER sind geteilt, jedoch nie bis zur Mittelader.

GINKGO
Ginkgo biloba

ZUSAMMENGESETZTE BLÄTTER
bestehen aus mehreren Blättern oder Fiedern.

Fiederförmig zusammengesetztes Blatt.

ESCHE

Fraxinus excelsior

Handförmig zusammengesetztes Blatt.

ROSSKASTANIE

Aesculus hippocastanum

BLÄTTER DRUCKEN

1. Sammle einige unterschiedlich große und geformte Blätter.

2. Lege deine Arbeitsfläche mit einer Schicht Zeitungspapier aus, um sie zu schützen.

3. Trage mit einem kleinen Pinsel oder Schwämmchen Farbe auf eine der Blattseiten auf.

4. Lege die mit Farbe bestrichene Blattseite auf ein Blatt Papier und decke es mit einem weiteren Blatt Papier ab.

5. Drücke mit deinen Handflächen fest auf das Blatt Papier oder verwende ein Nudelholz.

6. Entferne erst das obere Blatt Papier, dann vorsichtig das Blatt – und bewundere dein Werk!

WARUM BLÄTTER IHRE FARBE ÄNDERN

Gehe im Herbst im Wald spazieren und bewundere die herrlichen Farben der Blätter.

Im FRÜHLING und SOMMER produzieren die Blätter einen grünen Farbstoff namens Chlorophyll. Er verwandelt das Sonnenlicht in Nahrung für den Baum.

BERG-ULME
Ulmus glabra

GELB-BIRKE
Betula alleghaniensis

Im HERBST ist es dunkler, und die Bäume hören auf, Chlorophyll zu produzieren. Wenn die grünen Pigmente zu verblassen beginnen, treten andere Farben in Erscheinung.

Carotine, die auch in Karotten enthalten sind, färben die Blätter ORANGE.

FELDAHORN
Acer campestre

AMERIKANISCHE ZITTERPAPPEL
Populus tremuloides

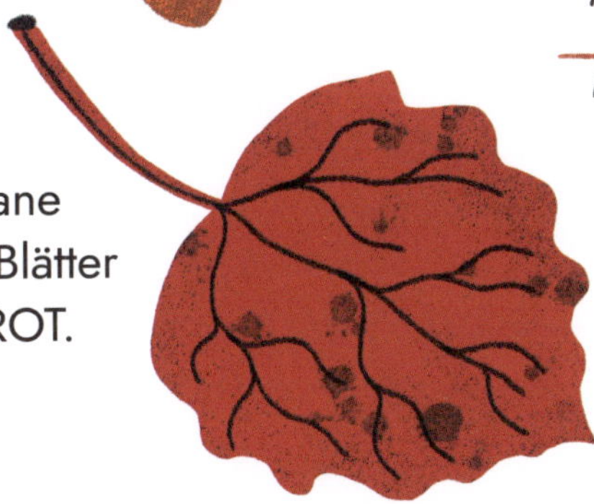

Anthocyane färben die Blätter herrlich ROT.

Im WINTER sorgen Tannine dafür, dass die Blätter BRAUN werden.

Wenn die Blätter braun werden, sterben sie ab und fallen von den Bäumen. Im nächsten Frühjahr wachsen dann neue Blätter.

STIELEICHE
Quercus robur

LAUBABWERFENDE und IMMERGRÜNE BÄUME

Laubabwerfende Bäume verlieren ihre Blätter im Winter, immergrüne Bäume behalten ihre Blätter das ganze Jahr.

STIELEICHE

Quercus robur

Die laubabwerfende Stieleiche im Winter.

Die immergrüne Chilenische Araukarie, die in Chile und Argentinien beheimatet ist.

BLÜTEN und FRÜCHTE

Einige Bäume produzieren Blüten,
aus denen Früchte entstehen,
die wir essen können.

PFLAUME

Prunus domestica

KIRSCHE

Prunus avium

APFEL

Malus pumila

BIRNE

Pyrus communis

FRUCHTKERNE

Jeder Kern kann zu einem Baum heranwachsen.

ZITRONE

AVOCADO

GRANATAPFEL

PFIRSICH

Wenn du das nächste Mal eine dieser Früchte isst, hebe die Kerne auf und pflanze einen Baum!

BÄUME ZIEHEN

METHODE 1 ☼ AVOCADO

1. Iss eine Avocado und bewahre den großen Kern in der Mitte auf.

2. Säubere ihn und stich 4 Zahnstocher hinein.

3. Platziere ihn über einem Glas Wasser und wechsle das Wasser alle 2 Tage.

4. Nach ein paar Wochen dürftest du bereits kleine Wurzeln wachsen sehen. Wenn die Wurzeln größer werden, kannst du den Kern in einen Topf mit Erde pflanzen und beobachten, wie dein Baum wächst!

METHODE 2 ✻ APFEL

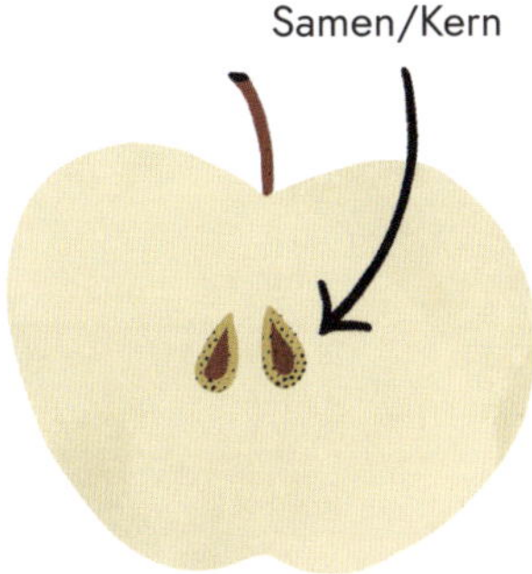

1. Säubere ein paar Apfelkerne und lass sie 1–2 Wochen trocknen.

2. Lege die Kerne zwischen zwei feuchte Lagen Küchenpapier und gib sie in eine verschließbare Tüte.

3. Lege die Tüte für etwa einen Monat in den Kühlschrank. Die Kerne mögen es kalt!

4. Sobald die Kerne austreiben, pflanze sie in einen Topf mit Erde. Wenn die Setzlinge groß und kräftig sind, kannst du sie draußen in den Boden pflanzen.

DER WALD

Wälder gibt es überall auf unserem Planeten, und sie bieten vielen Tieren, Pflanzen und Pilzen eine Heimat.

Das UNTERHOLZ ist der Bewuchs von Wäldern unterhalb der Baumkronen. Es bekommt nur gedämpftes Licht ab und wächst langsamer.

Die Kronen der höchsten Bäume bilden ein BLÄTTERDACH und bekommen das meiste Sonnenlicht ab.

Der WALDBODEN besteht aus kleinen Pflanzen, Farnen und Moosen und bekommt am wenigsten Sonnenlicht ab.

RINDEN DURCHPAUSEN

In Parks kann man wunderbar Rinden durchpausen.

Nimm ein paar Blätter Papier und viele bunte Wachsmalstifte mit.

Lege das Papier auf die Baumrinde und reibe mit dem Wachsmalstift über das Papier.

Rinde ist für Bäume wie eine Haut.
Sie schützt ihn.

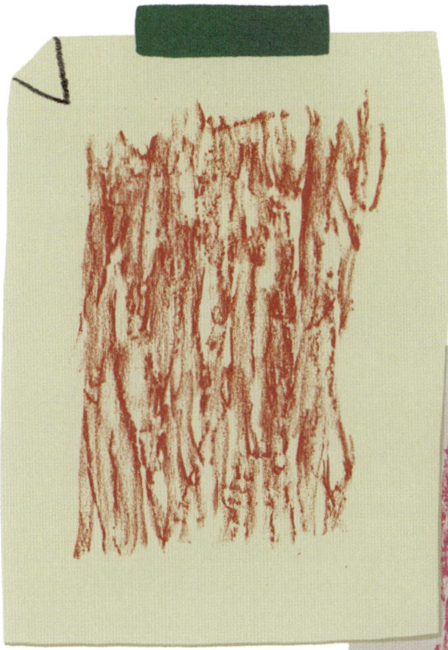

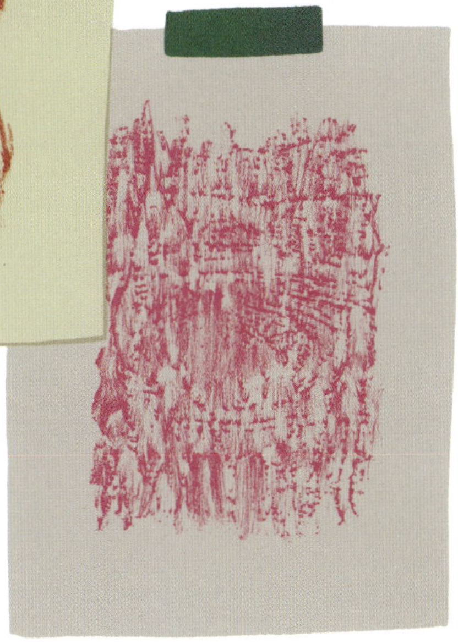

Halte nach unterschiedlichen Rinden Ausschau. Ob glatt, rau, schuppig oder gefurcht – sie sind alle schön!

Viel Spaß!

KRONENSCHEU

Manche Bäume achten darauf, die Äste und Blätter ihrer Nachbarn nicht zu berühren. Das nennt sich Kronenscheu.

Schau das nächste Mal, wenn du im Wald bist, nach oben. Siehst du dort auch scheue Bäume?

STINKENDE BÄUME

Bäume sondern Düfte ab, um Bestäuber anzuziehen. Diese hier riechen besonders interessant!

riecht nach ranziger Erdnussbutter

GÖTTERBAUM

Ailanthus altissima

riecht nach totem Fisch

CHINESISCHE WILDBIRNE

Pyrus calleryana

WEISS-FICHTE
Picea glauca
riecht nach Stinktier
riecht nach Hundekacke (weibliche Bäume)
GINKGO
Ginkgo biloba

MANCHE MÖGEN'S HEISS

Diese Bäume lieben Hitze und Sonnenschein.

Der Affenbrotbaum speichert Wasser in seinem riesigen Stamm, damit er die trockenen Monate übersteht.

AFRIKANISCHER AFFENBROTBAUM

Adansonia digitata

Eukalyptusbäume stammen aus Australien, und ihre ätherischen Öle werden gegen Erkältungen eingesetzt.

BLAUER EUKALYPTUS

Eucalyptus globulus

DATTELPALME

Phoenix dactylifera

Dattelbäume produzieren köstliche, zuckrige Früchte.

Olivenbäume sind robust und benötigen zum Überleben nur sehr wenig Wasser.

OLIVENBAUM

olea europaea

MANCHE MÖGEN'S KÜHL

Nadelbäume bevorzugen kühlere Gegenden. Sie produzieren Zapfen und haben Nadeln oder schuppenartige Blätter.

Diese herrlichen Bäume
sind alles Nadelbäume.

KÜSTENMAMMUTBAUM
Sequoia sempervirens

RIESENMAMMUTBAUM
Sequoiadendron giganteum

BAUMZAPFEN

Wenn es warm und trocken ist, öffnen sich die Schuppen der Zapfen und geben ihre Samen frei. Bei feuchtem und kühlem Wetter schließen sie sich wieder.

SITKA-FICHTE
Picea sitchensis

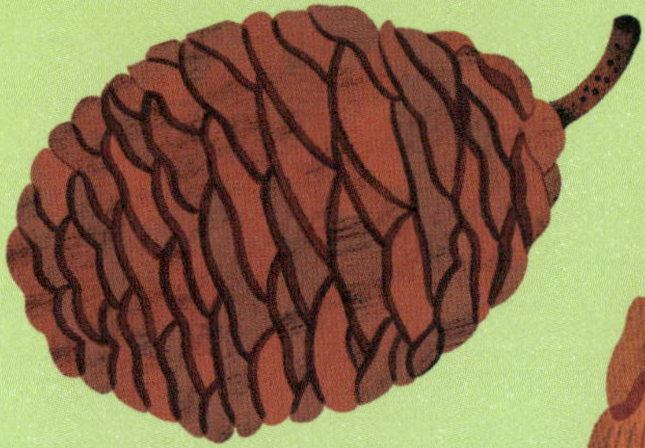

LIBANON-ZEDER
Cedrus libani

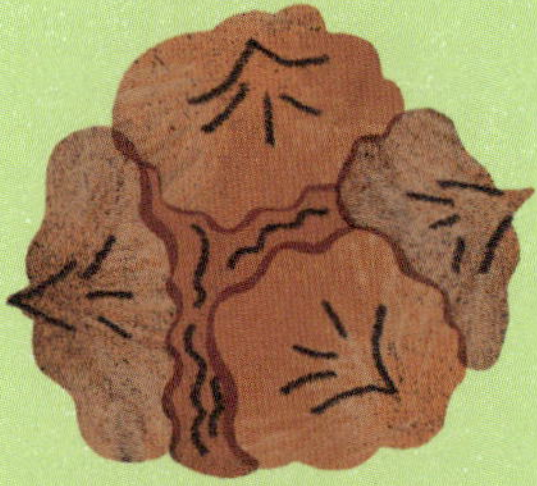

LAWSONS SCHEINZYPRESSE
Chamaecyparis lawsoniana

TRÄNEN-KIEFER
Pinus wallichiana

URWELTMAMMUTBAUM
Metasequoia glyptostroboides

WALDKIEFER
Pinus sylvestris

DOUGLASIE
Pseudotsuga menziesii

ZIRBELKIEFER
Pinus cembra

FICHTE
Picea abies

RIESENMAMMUTBAUM
Sequoiadendron giganteum

EDEL-TANNE
Abies procera

Wenn du das nächste Mal Zapfen siehst, nimm ein paar mit und zeichne sie.

BÄUME und MYTHEN

Früher beteten die Menschen Bäume an und betrachteten sie als magische Wesen.

EICHE

Die Königin des Waldes, die Eiche, gilt in vielen Kulturen als heilig.

Eschen gelten als Eingänge in andere Welten.

ESCHE

Holunderbäume werden auf Friedhöfe gepflanzt, um böse Geister abzuwehren.

HOLUNDER

HASELNUSS

Die Haselnuss gilt als sehr weiser Baum, deren Nüsse mit Magie gefüllt sind.

EIBE

Druidenstäbe wurden aus Eibenholz hergestellt und bei alten Ritualen verwendet.

Wer laut keltischer Mythologie eine Erle fällt, riskiert, dass sein oder ihr Haus abrennt.

ERLE

EIN HERZ FÜR BÄUME

1. PFLANZE EINEN BAUM. Haselnussbäume sind nicht sehr groß und super für Tiere.

2. HEISSE DIE WILDNIS WILLKOMMEN! Wenn in deinem Garten Bäume wachsen, lass das Totholz liegen, damit Pilze und Insekten dort eine Heimat finden.

3. SAMMELN, WIEDERVERWENDEN, RECYCELN. Papier wird aus Bäumen hergestellt. Je mehr Papier wir also recyceln, desto weniger Bäume müssen gefällt werden, um neues Papier herzustellen.

4. FREUNDE DICH MIT BÄUMEN AN! Wähle einen Baum aus deiner Nachbarschaft aus und werde sein*e Freund*in. Grüße ihn jedes Mal, wenn du an ihm vorbeigehst, und achte darauf, wie er sich im Laufe der Jahreszeiten verändert.

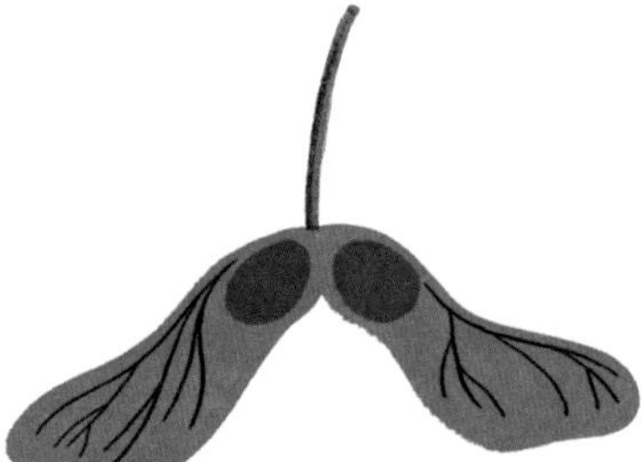